Armin Täubner

Am Schwanenteich

Fensterbilder aus Glanzkarton, beliebig variierbar

frechverlag

Sie finden bei den Abbildungen jeweils genaue Angaben, welche Vorlagen kombiniert sind. Natürlich können Sie beliebig frei kombinieren und neue Arrangements schaffen!

Schwan

Schilfteil

Blüten

Blätter

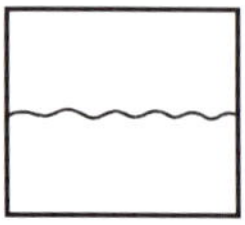
Wasser-
fläche

Sonstiges

Weitere Titel von Armin Täubner:

TOPP 1443

TOPP 1749

TOPP 1849

Fotos: frechverlag GmbH + Co. Druck KG, 70499 Stuttgart; Birgitt Gutermuth
Illustrationen: Armin Täubner

Auflage: 5. 4. 3. 2. 1. | Letzte Zahlen
Jahr: 1999 98 97 96 95 | maßgebend

frechverlag GmbH + Co. Druck KG, 70499 Stuttgart

ISBN 3-7724-1916-X· Best.-Nr. 1916

Druck: frechverlag GmbH + Co. Druck KG, 70499 Stuttgart

Schwäne strahlen eine geheimnisvolle Würde und Eleganz aus. In der Antike galt der Schwan als heiliger Vogel, nach griechischem Glauben kündigte er den Tod an – daher stammt auch der Begriff „Schwanengesang".

Der lange, biegsame Hals und das weiße Gefieder machten den Schwan zum Inbegriff edler Reinheit. Daher werden in vielen Märchen und Sagen Jungfrauen in Schwäne verwandelt. Auch der sagenhafte Ritter Lohengrin kam in Begleitung eines Schwans.

Bekannt ist auch, daß Schwäne erst spät ihr weißes Gefieder erhalten – wer kennt nicht das ergreifende Märchen vom häßlichen jungen Entlein, das sich erst nach seiner Verwandlung in einen weißen Schwan Anerkennung verschaffen kann?

Dieses geheimnisvolle, prächtige Flair der Schwäne hat Armin Täubner mit einem besonderen Material gestaltet: mit Glanzkarton. Die brillante Oberfläche dieses Materials gibt den Teichszenen einen edlen Charakter.

Die Vorlagen für Schwäne, Frösche, Schmetterlinge, Pflanzen und Blumen sind beliebig arrangierbar, so daß sich jeder seinen Märchenteich selbst zusammenstellen kann!

Schritt für Schritt-Anleitung

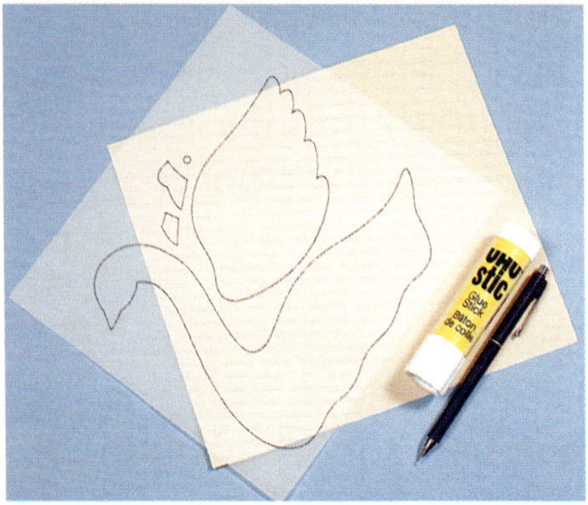

1. Das Motiv wird mit Bleistift auf Butterbrotpapier oder weißes Transparentpapier abgepaust; alle Teile müssen dafür separat nebeneinander gezeichnet werden, also ohne Überschneidungen.
Die abgepausten Teile werden dann auf einen Karton geklebt; das werden Ihre Schablonen.

2. Mit Schere und Cutter können Sie die Formen ganz exakt ausschneiden. Bei Schneidearbeiten mit dem Cutter, einem Spezialmesser mit abbrechbarer Klinge, ist allerdings eine entsprechende Unterlage erforderlich.
Anstelle einer speziellen Schneideunterlage aus dem Fachhandel genügt zur Not auch eine dicke Pappe, die jedoch gewechselt werden sollte, wenn sie von vielen Schnitten zerfurcht ist – sonst wird die Cutterklinge beim Schneiden eventuell abgelenkt.

3. Die Kartonschablonen werden auf Glanzkarton der gewünschten Farbe gelegt; ziehen Sie die Umrisse mit Bleistift oder einem feinen schwarzen Filzstift sorgfältig nach. Manche Teile wie Flügel und Füße werden doppelt benötigt.
Mit Schere und Cutter werden die übertragenen Teile ausgeschnitten.

4. Beim Zusammenkleben legen Sie die Teile am besten auf den Vorlagenbogen, der Ihnen Positionierungshilfen gibt. Und wenn Sie gleichzeitig Ihre Bastelarbeiten mit dem Foto vergleichen, dann kann beim Zusammenstellen Ihrer Fensterbild-Szenen nichts mehr schiefgehen!

Achtung:

Als Klebstoff eignen sich nur Klebestifte. Manche Klebestifte und Bastelleime verändern durch den Karton hindurch die glänzende Oberfläche.
Sie sollten Ihren Klebstoff deshalb vorher unbedingt testen!

5. Die Gesichter der Tiere und die Körperlinien werden mit Bleistift leicht vorgezeichnet und dann mit einem Tuschefüller (0,5 mm) oder einem feinen schwarzen Filzstift nachgezogen. Für die Augen verwenden Sie am besten eine Kreisschablone.

Glanzkarton (z.B. von URSUS) ist einseitig mit einer glänzenden Oberfläche beschichtet und in den Formaten 35 cm x 50 cm und 50 cm x 70 cm im Fachhandel erhältlich. Für fast alle Fensterbilder dieser Mappe ist das kleine Format ausreichend. Ihre Fensterbilder können Sie dann an einem Faden oder mit Klebeplättchen befestigen.

Schwanenpaar

Leopold
Katharina

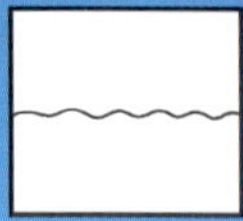

Nr. 1

Schwan mit Schwertlilien

Schwert-
lilien
Nr. 1 (2x)
Nr. 3
Seerosen
Nr. 2 (3x)

Seerosen
Nr. 1
Nr. 2
Nr. 3
Nr. 4

Nr.3

Ludwig

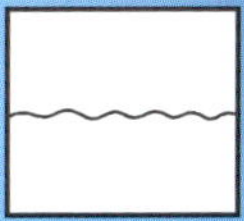

Nr. 1

Sonstiges

Nest
Frosch

Komm, wir spielen Verstecken

Wilhelminchen
Fränzchen
(3x)

Nr. 3
Nr. 5

Nr. 2
Nr. 3
Nr. 4

Seerosen
Nr. 2 (2x)
Schwertlilien
Nr. 1 (4x)
Nr. 2
Nr. 3 (4x)

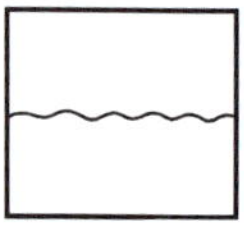

Nr. 3

Viele bunte Schmetterlinge

Ludwig
Fritzchen
Wilhelminchen
Fränzchen
(3x)

Seerosen
Nr. 2
(3x)

Nr. 1
Nr. 2
Nr. 3
Nr. 4

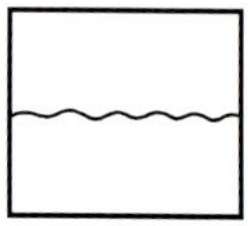

Nr.3

Sonstiges

Schmetterlinge
Nr. 1
(3x)
Nest

Sonntagsausflug

Agatha
Theodor
Fränzchen
(4 x)
Fritzchen
(2 x)

Nr. 2
Nr. 3

Schwertlilien
Nr. 1
(3 x)
Nr. 3
(4 x)

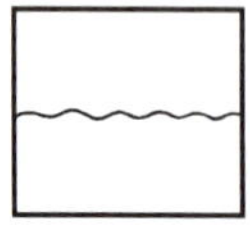

nach
Bedarf

Sonstiges

Nest
Frosch
Schmetterling
Nr. 1
(3 x)

Black and White

Agatha
Leopold

Schwert-
lilien
Nr. 1
(4x)
Nr. 2
Nr. 3
(3x)

Nr. 2

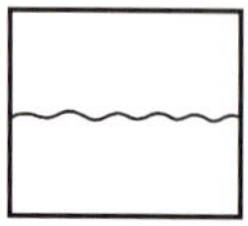

Nr. 3

Rendezvous

Agatha
Leopold

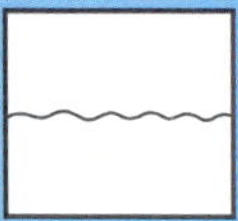

Nr. 3

Besuch der Libelle

Wilhelminchen
Fränzchen
(2 x)

Seerosen
Nr. 1
(2x)
Nr. 2
(5 x)

Seerosen
Nr. 1
Nr. 2
Nr. 3
Nr. 4
(2 x)

Nr. 4

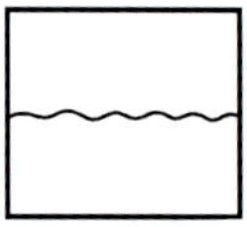

Nr. 4

Sonstiges

Libelle
(2 x)

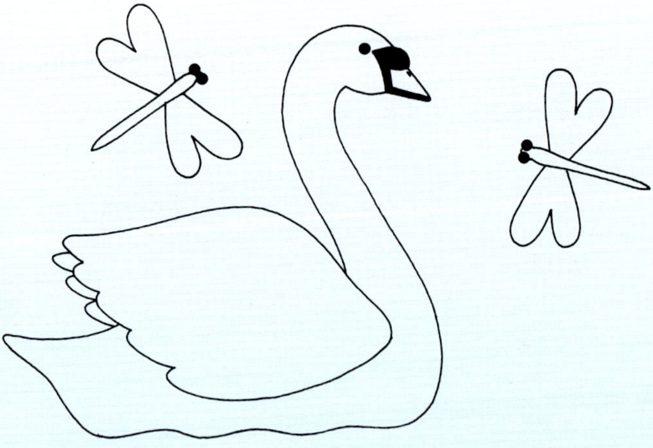

Schon müde vom Schwimmen?

Ludwig
Leopold
Fränzchen
(3 x)
Wilhelminchen

Nr. 2

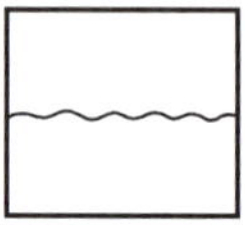

Nr. 3

Sonstiges

Schmetter-
linge
Nr. 2
(2 x)
Rohrkolben
(6 x)

Sieh mal, ein Frosch

Fränzchen
(3 x)
Wilhelminchen
Fritzchen

Seekanne
Nr. 1
Nr. 2
(2 x)

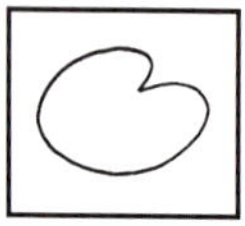

Seekanne
Nr. 1
(2 x)
Nr. 2
Nr. 3
Nr. 4

Nr. 3

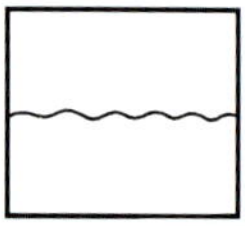

Nr. 3

Sonstiges

Nest
Frosch
Schmetterling
Nr. 2
(2 x)
Rohrkolben
(3 x)

Bald ist Schlüpftag

Franziska
Leopold

Nr. 1
Nr. 3

Seerose
Nr. 2
(2x)

Seerose
Nr. 3
Nr. 4

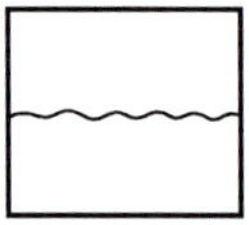

Nr. 2

Sonstiges

Libelle
(2x)
Nest

Familienausflug

Franziska
Wilhelminchen
Fränzchen (3x)

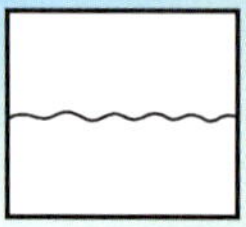

Nr. 1

Weiße Schwäne

Leopold
Franziska

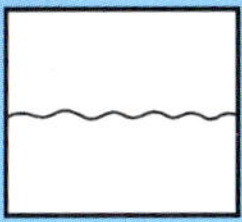

Nr. 1

Schwimmstunde

Franziska
Wilhelminchen
Mariechen
Fränzchen
(4x)

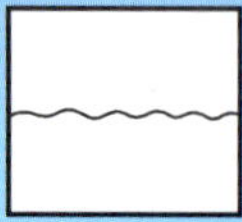

Nr. 2

Große Teichszene

Leopold
(2 x)
Franziska
Ludwig

Schwert-
lilien
Nr. 2
Nr. 3
Nr. 1
(5 x)

Nr. 1
Nr. 2
Nr. 3

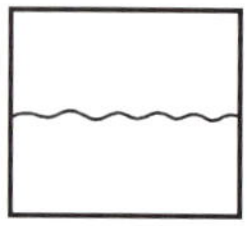

nach
Bedarf

Sonstiges

Rohr-
kolben
(4 x)
Libellen
(2 x)
Nest

Teichidylle

Beschreibung zur Titelseite

				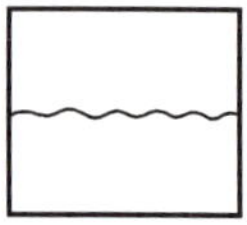
Leopold	Nr. 3	Seerosen Nr. 1 Nr. 2 (3 x)	Seerosen Nr. 1 Nr. 2 Nr. 3 Nr. 4 Nr. 5	Nr. 3

Sonstiges
Libelle (2 x)

Schwarze Schönheiten

Beschreibung zur Rückseite

				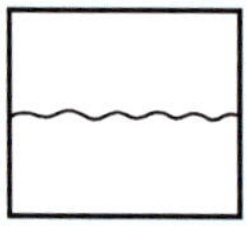
Theodor Agatha	Schwertlilien Nr. 1 (5 x) Nr. 2 Nr. 3 (3 x) Seerose Nr. 2 (2 x) Seekanne Nr. 1 Nr. 2 (2 x)	Seerose Nr. 1 Nr. 2 Nr. 3 Seekanne Nr. 1 (2 x) Nr. 5 Nr. 2 Nr. 3 Nr. 4	Nr. 2 Nr. 5	Nr. 2